KB213245

# 더 큰 영광으로 들어가라

케네스 E. 해긴 지음
오태용 옮김

베다니출판사
Faith Library

**GRATER GLORY**

Originally Published in the U.S.A
under the title Grater Golry
Copyright ⓒ 1999 RHEMA Bible Church
AKA Kenneth Hagin Ministries, Inc.
P. O. Box 50126 Tulsa, OK 74150−0126, U.S.A

Korean Copyright ⓒ 2016
by BETHANY PUBLISHING HOUSE
All rights reserved
Printed in Korea

# CONTENTS

서
문

　1987년도 캠프미팅 집회를 시작하기 전, 목요일에 나는 밤중에 잠이 깨어 기도하기 시작했습니다. 세 시간 이상 방언으로 기도를 했습니다. 기도 시간이 끝날 때쯤 한 환상을 보게 되었는데, 우리가 해마다 캠프미팅 집회를 여는 털사 컨벤션 센터(Tulsa Convention Center)가 보였습니다.

　그 환상에서 예수님과 나는 건물 천정 가까이에 서서 캠프미팅 집회 중 어느 한 집회를 내려다보고 있었습니다.

　강당은 사람들로 꽉 찼고, 모두가 손뼉을 치고 있었습니다.

그때 예수님께서 나에게로 몸을 돌려 이렇게 말씀하셨습니다.

"손뼉을 치는 것은 찬양도 경배도 아니다."

나는 그 말씀에 잠시 깜짝 놀랐습니다.

주님께서 이어서 설명을 하셨습니다.

"손뼉을 치는 것은 그저 **박수갈채**다."

그 다음, 주님께서는 실질적으로 예를 들어 설명해주셨습니다.

"만일 손뼉을 치는 것이 찬양이나 경배라면, 정치집회에 참석한 사람들이 손뼉을 칠 때 그들은 하나님을 찬양하고 경배하고 있는 것이다. 또 만일 손뼉을 치는 것이 찬양이나 경배라면, 구기종목에 참석한 관중들 역시 손뼉을 칠 때 그들은 하나님을 찬양하고 경배하고 있는 것이다. 너는 하나님을 향해서는 손뼉을 쳐서는 안 된다. 하나님은 **경외를 해야** 하는 것이다."

그리고선 주님께서 내게 말씀하셨습니다.

"너희들은 현재의 상황에서 볼 때 [영적으로] 갈 데까지 가버렸다. 내 백성들에게 손뼉 치는 것을 그만두고 찬양을 하라고 일러라. 그러면 그들이 더 큰 영광으로 올라가게 될 것이다."

　　우리가 하나님의 더 큰 영광으로 들어가는 방법은 주 하나님을 경외하는 것입니다. 우리가 주님을 경외하기를 배우다 보면, 손뼉을 칠 때와 치지 말아야 할 때를 알게 됩니다.

　　아시겠지만, 때로는 손뼉을 치는 것이 좋습니다. 그러나 그것이 부적절할 때는 성령님을 근심시키는 것입니다. 그래서 성령님을 근심시키게 되면, 우리는 더 큰 영광으로 들어갈 수 없습니다.

　　그러므로 성령의 흐름을 타는 법을 배워서 참된 찬양과 경배로 돌아가는 것이 굉장히 중요합니다. 우리가 하나님을 옳은 방법으로 찬양하는 법을 배우게 되면, 우리 가운데 성령님의 더 깊은 감동과 역사를 경험하게 될 것입니다.

　　바라기는, 이 책을 통해 믿는 자들이 손뼉을 치는 것과 찬양하는 것의 차이를 이해하여 더 큰 영광 가운데 행하는 법을 배움으로써 하나님 경외의 중요성을 깨닫게 되기를 기도합니다.

# 제1장

## 하나님을 찬송하는 것이 승리의 열쇠이다!

제1장

나는 여러 해에 걸쳐 "기도"라는 주제에 대해 많이 가르쳤습니다. 주님께서 내게 성령 집회를 열라고 지시하실 때 낮 집회에서는 기도를 주제로 삼아 가르치되, 기도의 교훈과 실례를 들어 가르치라고 말씀하셨습니다. 나는 그대로 했고, 지금 그렇게 하고 있으며, 앞으로도 **계속** 그렇게 할 것입니다.

이제 기도에 대한 몇 가지 진리를 나누고자 합니다. 먼저 사도행전 16장을 보십시다.

**사도행전 16:25**

"한밤중에 바울과 실라가 기도하고 하나님을 찬송하매
   죄수들이 듣더라."


"한밤중"이라는 표현은 실제로 자정을 가리키는 말이라고 나는 생각합니다. 그러나 다른 한편으로, "한밤중"이라는 말은 또한 비유적으로도 사용될 수 있다고 봅니다. 한밤중이란 때로는 당신의 생애에서 가장 어두운 시간을 말합니다. 출구가 하나도 없어 보이는 최대의 시험이나 시련 가운데서 가장 어두운 시간이 한밤중입니다.

아시겠지만, 바울과 실라는 매를 맞아 등에서 피가 줄줄 흘렀습니다. 그들은 발에 차꼬가 차인 채로 깊숙한 옥에 갇혔습니다. 그들은 아주 고통스러운 상태에 있었습니다. 그런데 감사하게도, 이 본문은 우리가 한밤중에 어떻게 해야 할지를 말해줍니다.

옛 시편 기자는 말하기를 "주의 말씀을 열면 빛이 비치어 우둔한 사람들을 깨닫게 하나이다"라고 했습니다(시 119:130). 아마도 당신의 인생에 한밤중의 시간이 있을지 모릅니다. 그러나 말씀이 당신에게 어떻게 할지를 말해주기 때문에 당신은 빛을 받게 됩니다.

바울과 실라가 했던 대로만 하십시오. 한밤중에 그들은 기도하고 하나님을 찬송하였는데 죄수들이 들었습니다. 그 말은 그들이 한밤중에 큰 소리로 기도하고 찬송하였다는 뜻입니다.

그렇지요. 찬송 소리를 죄수들이 들었을 뿐 아니라, 또한 하나님께서도 들으셨습니다. 하나님께서 내려오셔서 그 오래된 옥을 흔들어버리자 모든 옥문들이 활짝 열리고 죄수들의 발에서 차꼬가 풀렸습니다. 간수는 죄수들이 모두 도망간 줄로 생각하였고, 그들이 도망갔다면 상관들이 그를 죽일 것으로 알았기에 그는 자결하려고 했습니다.

그때 바울이 크게 소리 질렀습니다.

"네 몸을 상하지 말라 우리가 다 여기 있노라."

간수는 등불을 달라고 하며 뛰어 들어가 바울과 실라에게 말했습니다.

"선생들이여, 내가 어떻게 하여야 구원을 받으리이까?"

그리하여 그는 구원을 받았습니다. 하나님께 영광 돌립니다!(행 16:26-32).

자, 내가 당신에게 이해시키고 싶어하는 생각이 이것입니다.

응답이 온 것은 바울과 실라가 하나님을 **찬송하고 있을 때**였지, **기도하고 있을** 때가 아니었습니다. 기도가 중요하고, 또 기도의 자리가 있습니다. 그러나 기도만으로는 일이 이루어지지 않습니다. 그 말에 당신이 놀랄지 모르겠으나, 그것은 절대적으로 사실입니다. 기도만으로는 바울과 실라에게 역사가 일어나지 않았습니다. 그들이 하나님을 찬송할 때 응답이 왔다고 했습니다.

내가 믿기로는, 사람들이 똑같은 문제를 가지고 계속 기도를 반복하는 것을 그만두고 하나님을 찬송하기 시작한다면, 오래지 않아 응답과 승리를 얻게 될 것입니다.

# 당신이 하나님을 찬송할 때
## 응답이 온다

여러 해 전, 좀 더 정확히 말하면, 1945년 3월에 나는 텍사스 주 오버톤(Overton)에서 집회를 열고 있었습니다. 그 당시에는 석유사업이 호황을 누리고 있었습니다. 나는 집회를 개최한 교회의 목사관에 묵고 있었습니다.

어느 날 담임목사님과 사모님과 내가 한 교인의 집으로 점심 식사를 하러 갔습니다. 우리가 식탁에 앉아 이런저런 이야기를 하고 있는데, 우리를 점심에 초대한 그 여성도가 말했습니다.

"해긴 목사님, 약 8년 전에 제게 어떤 일이 일어났는데, 그때는 그것을 이해하지 못했습니다. 그런데 오늘 목사님께서 가르치고 설교하신 말씀을 듣고 나니 뭔가 이해가 되었습니다."

그녀는 자기에게 천식이 있었다고 했습니다. 오버톤 인근에서 가장 큰 도시는 타일러(Tyler)이기에 그녀는 그곳의 의사에게 갔습니다. 그는 그녀를 루이지애나 주 슈레브포트

(Shreveport)의 의사에게로 보냈고, 그 다음에는 마지막으로 달라스의 세계적 명의에게로 보냈습니다. 그녀의 말입니다.

"남편은 한 석유회사 중역으로, 나에게 1만 달러를 썼는데도 차도가 없었습니다."

당신이 아셔야 할 것은, 그 당시가 대공황 시절이어서 돈의 가치가 지금과는 달랐습니다. 1만 달러가 많은 돈이 아닌 것처럼 들릴지 모르지만, 지금으로 하면 15만 달러 이상일 겁니다.

그녀는 계속 말했습니다.

"여러 목사님들이 우리 교회에 오셔서 부흥집회를 여셨는데, 병자를 위한 기도가 있을 때마다 저는 치유를 받으러 나갔습니다. 심지어는 레이몬드 T. 리치(Raymond T. Richey) 목사님(그 당시 치유 부흥사)께서도 동부 텍사스, 이곳에서 천막집회를 열었어요. 그래서 저는 치유카드를 적고 마침내 치유 받으러 나갔습니다. 리치 목사님께서 저에게 기름을 바르시고 기도를 시작하셨지요. 그런데 목사님께서 중단을 하시고 저를 쳐다보시더니 이렇게 말씀하셨어요. '자매님은 여러 번 기도를 받으셨지요, 그렇죠?'"

"네, 그랬어요." 그녀가 말했습니다.

리치 목사님이 말했습니다.

"저는 자매님을 위해 기노하지 않겠습니다. 대신, 제가 하라는 대로 하시겠어요?"

"쉬운 일이라면 하지요"라고 그녀가 말했습니다.

사람은 다 쉬운 걸 찾게 마련입니다. 목사님이 말했습니다.

"그래요. 이건 쉬운 일입니다. 자매님이 생각날 때마다 치유 받은 것을 하나님께 찬양만 하세요."

"하지만 저는 아직 치유를 받지 않았는데요"라고 그녀가 말했습니다. 바꾸어 말하면, 그녀는 이렇게 말하고 있는 것입니다.

"내가 아직 받지 않았는데 어떻게 하나님을 찬양할 수 있어요? 나는 아직 치유를 받지 않았단 말이에요."

그러자 리치 목사님께서 말했습니다.

"자매님은 말씀에 대해 하나님을 찬양할 수 있나요?"

"그럼요. 말씀에 대해 하나님을 찬양할 수 있죠."

"좋아요. 마태복음 8:17에 말씀하시기를, 예수님께서 '우

리의 연약한 것을 친히 담당하시고 우리의 병을 짊어지셨다'
했고, 베드로전서에서는 '그가 채찍에 맞음으로 너희는 나음
을 얻었다'고 했어요"라고 목사님이 말했습니다.

그녀가 말했습니다.

"네, 그런 말씀이 성경에 있는 것, 저도 알아요."

그러자 리치 목사님께서 말했습니다.

"그렇다면 좋아요. 자매님이 생각날 때마다 그냥 이렇게
말하세요. '아버지여, 말씀을 주셔서 감사합니다. 말씀에 의하
면, 나는 나음을 받았습니다.' 자매님, 그렇게 할 수 있겠죠?"

"네, 그렇게 할게요." 그녀가 말했습니다.

그런 다음, 그녀는 나에게 말했습니다.

"저는 주님을 찬양하기 시작했어요. 아침을 준비하고, 남
편을 출근시키고, 아이들을 등교시키는 동안 저는 하나님을
찬양했습니다. 잠자리를 준비하고 집안 청소를 하는 동안 하
나님을 찬양했습니다. 생각이 날 때마다 저는 말씀을 인하여
하나님을 찬양하였습니다."

"저는 잠자리에 들 때도, 아침에 일어날 때도 말씀을 인하
여 하나님을 찬양했습니다. 그러던 어느 날 제가 남편에게 말

했어요. '여보, 내가 천식을 앓은지 상당히 오래 되었지요? 마지막 천식이 언제였는지 기억도 나지 않아요.' 남편이 말했어요. '나는 기억하지. 30일 되있어.'"

그 다음, 그녀가 말했습니다.

"해긴 목사님, 그 30일이 늘어나 8년이 되었는데, 아직 한번도 천식을 하지 않았어요!"

그녀는 자기 교회에 집회하러 온 모든 치유 부흥사들로부터 계속 거듭 기도를 받았었습니다. 하지만 응답은 그녀가 하나님을 찬양하기 시작했을 때 왔습니다!

하나님을 찬양할 때 어떻게 승리를 얻게 되는지 또 다른 예화를 들겠습니다. 나는 지난 1937년에 B목사님의 치유 간증을 들었습니다. 그러다 1941년에 그분을 우리 교회 부흥집회에 모셨는데, 그의 간증에 대해 개인적으로 물어봤습니다.

그가 20대 후반 내지는 30대 초반의 미혼 청년이었을 당시, 그의 한 집회에서 아리따운 여인을 만났습니다. 그들은 사귀면서 관계를 발전시켜가다가 결혼을 했습니다. 그는 부흥사였고, 사모는 노래를 잘 하는 가수였기에 그의 목회에

보완이 잘 되었습니다.

그들은 꾸준히 사역을 하였고, 텍사스 전 지역과 오클라호마, 뉴멕시코, 아칸소 및 루이지애나까지 부흥집회를 얼었습니다.

그러던 중 그의 의사가 그에게 결핵이 있다는 진단을 내렸습니다. 당신이 과거로 돌아가 기록을 체크해보면, 1930년대 초에 결핵은 미국에서 사망률이 1위쯤 되었습니다.

B목사님이 나에게 말했습니다.

"내가 인도하는 모든 집회에서 마지막 날 밤에는 내가 결핵에 걸렸다는 사실을 사람들에게 알렸습니다. 그러고는, 그들이 생각날 때마다 나를 위해 기도해주도록 부탁을 드렸습니다."

물론, 모두가 다 생각날 때마다 그를 위해 기도하겠다고 말했습니다. 수백 명의 사람들이 그를 위해 기도했습니다. 설령 그들이 하루에 2~3분 정도만 기도한다 할지라도 그것을 전부 합하면 이 목사님을 위해 여러 시간 기도한 것입니다. 그럼에도 그의 건강은 점점 더 악화되었습니다. 마침내 그가 더 이상 살 수 없게 되자 달라스에서 남쪽으로 80킬로 정

도 떨어진 장인 어르신의 농장으로 가서 죽음을 준비하려고
했습니다.

B목사님은 폐에서 출혈이 생겨 병상에 누워 있었습니다.

그가 나에게 말했습니다.

"나는 말하자면, 침상에서 돌아누울 수도 없는 상태였습니
다. 거의 죽음 직전이었지요. 가족들이 나를 시트 위에서 몸을
굴려 움직이도록 도움을 주지 않으면 안 되었어요. 그러나 머
리는 아직 움직일 수 있었습니다. 어느 날 장인께서 농장 뒤쪽
에 나가서 땅을 갈고 계셨고, 아내와 장모님은 집 뒤로 나가서
빨래판에서 빨래를 하고 있었습니다."

"나는 머리를 돌려 창 밖을 내다보았습니다. 집에서 500미
터쯤 되는 곳에 덤불 숲과 나무들이 몇 그루 보였습니다. 이
유는 모르지만, 하나님께 기도가 나왔습니다. '아버지여, 만일
저에게 일어날 힘을 주셔서 저 덤불 숲과 나무들 있는 곳까지
갈 수 있게만 해주신다면, 저는 고침을 받든지 아니면 죽든지
둘 중 하나가 될 때까지 기도하겠습니다.'"

"그래서 저는 안간힘을 써서 일어나 천천히 그 덤불 숲까
지 나아갔습니다. 그곳에 간 다음, 나는 기진하여 바닥에 쓰

러졌습니다. 속삭일 힘조차도 없었습니다. 내가 속으로 말했습니다. '내가 힘이 좀 넉넉히 있다면, 기도를 시작하겠어. 내가 고침을 받든지, 여기서 죽든지 둘 중 하나가 될 때까지 기도할 거야.'"

"거기에 누워 있는데, 이런 생각이 들기 시작했어요. '만일 기도만으로 되어질 일이라면, 나는 이미 고침 받고도 남았어. 수백 수천의 사람들이 기도를 해왔으니까 말이야.' 그래서 나는 바꾸었습니다. 나는 말했습니다. '나는 내가 낫거나 죽을 때까지 여기 누워서 하나님을 찬양할 거야.' 나는 '주님을 찬양합니다. 하나님께 영광 돌립니다'는 말만 속삭이는데도 나의 모든 힘이 필요하였습니다. 그런데 두 시간 반 동안 찬양하고 난 마지막에, 나는 내 발로 일어서서 '하나님을 찬양합니다!'라고 고함을 질렀는데, 그 소리가 어찌나 컸든지 3킬로 떨어진 곳의 사람들도 들을 수 있었다고 합니다. 그때 이후로 지금까지 나는 치유를 받아 건강하게 지내고 있습니다."

보세요. 승리, 즉 응답은 그가 하나님을 찬양하는 동안에 왔습니다. 기도를 허락하신 하나님께 감사를 드립니다. 오해

하지 말 것은 내가 지금 기도를 비하하고 있지 않다는 것을 이해해 주시기 바랍니다.

하지만 당신은 우리가 어디서 무엇을 놓쳐서 불충분하게 되었는지를 알 수 있겠습니까? 바울과 실라, 천식을 앓던 여자 및 B목사님에게는 그들이 모두 하나님을 찬양하고 있을 때 응답이 왔습니다!

## 기도와 찬양에 '시간을 동등하게' 배분하라

대부분의 사람들은 기도를 많이 합니다.

그러면 찬양은 얼마나 할까요?

그들은 언제나 하나님께 뭔가를 해달라고 요청하는데, 그 것은 물론 성경적이죠.

그러나 우리가 기도로 주님과 교제할 뿐 아니라 동등한 시간을 써서 찬양을 드릴 때에라야만 우리의 삶에서 주님의 능력이 강력하게 나타나게 됩니다.

사도행전 16:25-26

"²⁵한밤중에 바울과 실라가 기도하고 하나님을 찬송하
매 죄수들이 듣더라

²⁶이에 갑자기 큰 지진이 나서 옥터가 움직이고 문이
곧 다 열리며 모든 사람의 매인 것이 다 벗어진지라."


바울과 실라가 기도했을 뿐만 아니라 찬송도 했다는 것에
주목할 필요가 있습니다. 바울과 실라는 이미 **하나님께 기도
를 올려드렸지만,** 그들에게 응답이 온 것은 그들이 **하나님께
찬송을 올려드릴** 때였던 것입니다!


내가 1937년에 처음 오순절 교단에 들어왔을 때, 오순절
잡지에 한 여선교사의 치유 간증이 실린 것을 읽었습니다. 그
녀는 천연두 백신이 개발되기 여러 해 전에 천연두에서 치유
를 받았습니다.

이 여선교사가 천연두에 걸렸을 때 천연두는 전염병이었
으므로 담당의사가 그녀를 격리시켰습니다. 그는 그것이 퍼지
기를 원치 않기 때문입니다.

그 여선교사는 간증에서 말하기를, 격리 상태에 있을 때 기도를 시작했는데, 주님께서 환상을 보여주셨습니다. 그 환상에서 그녀는 무게를 달아보는 구식 저울을 보았습니다. 한쪽에는 "기도"라고 쓰여 있었는데, 가득 차서 아래로 내려가 있었습니다. 반대쪽에는 "찬양"이라 쓰여 있었는데, 그 안에는 조금밖에 없어서 공중으로 올라가 있었습니다.

그때 주님께서 그녀에게 말씀하셨습니다.

"너의 찬양이 너의 기도와 같아질 때 너는 고침을 받을 것이다."

그래서 이틀 밤낮을 그녀는 내내 하나님 찬양만 했습니다. 그랬더니 완전한 치유를 받게 되었습니다! 그녀의 찬양이 그녀의 기도와 같아졌을 때 모든 천연두 증상이 싹 사라졌습니다.

## 하나님을 찬양하면 성령께서
## 역사하실 분위기가 만들어진다

우리가 예배의 태도에 있어서 필요한 시간을 들이지 않기 때문에 하나님의 축복을 많이 놓치게 됩니다. 나는 주님을 섬기는 것과 주님께로부터 받는 것 사이에는 밀접한 관계가 있다고 믿습니다. 하나님을 찬양하면 성령께서 역사하실 분위기가 만들어집니다. 우리가 목소리를 높여 주님을 찬양하는 법을 배우게 될 때, 주님의 초자연적인 능력이 우리의 삶 가운데 나타나게 됩니다!

수년 전 오순절 교회의 부총회장 중 한 분이 어떻게 찬양의 중요성을 배우게 되었는지 설명하는 것을 들었습니다.

그가 열일곱 살 때, 청소년 부흥회를 인도하러 중서부의 어느 도시로 갔습니다. 그런데 그 교회 담임목사님은 전에 목회했던 교회에 장례예배를 인도하러 가셔서 자리를 비우게 되셨습니다. 담임목사님은 그곳에 가려면 얼마간 운전을 해야만 하는 먼 거리였기 때문에 그날 밤 돌아올 수가 없었습니다.

밤 동안에 목사님의 성도 중 한 분이 전화를 했습니다. 어린 아이가 고열이 나더니 발작을 했다는 것입니다. 그러자 담임목사님의 사모님이 목사님 가족과 함께 목사관에 묵고 있는 그 젊은 목사님을 깨워서 둘이 그 아이를 위해 기도해 주러 갔습니다.

그 부총회장이 말했습니다.

"몇몇 다른 교인들도 그 아이를 위해 기도하러 와 있었지만, 참석자 중 목회자는 나밖에 없었기에 전부 나만 바라보았습니다. 그래서 내가 그 아이에게 기름을 바르고, 안수를 하고, 기도를 하고, 축사를 했습니다. 나는 다른 목회자들이 하는 것을 본대로 말도 하고 모든 것을 다 했지만, 그 아이는 전혀 나아지지 않았습니다."

"잠시 후에 사모님이 하나님을 찬양하기 시작했습니다. 하나씩 하나씩 우리는 모두 찬양을 익혀서 전부가 하나님을 찬양하였습니다. 그러자 발작이 뚝 멈췄습니다! 후에 우리가 둘러서서 담소하고 있을 때 그 아이는 또 다시 발작을 하였습니다. 우리는 다시 똑같은 과정을 거쳤습니다. 내가 그 아이에게 기름을 바르고, 안수를 하고, 기도하고, 축사를 했습니다. 그 다음에는 사모님이 다시 하나님을 찬양하기 시작했습니다. 우리는 모두 함께 찬양을 불렀습니다. 그랬더니 발작이 뚝 그쳤는데, 그 후 다시는 재발하지 않았습니다!"

보세요. 응답은 그들이 하나님을 찬양하는 동안에 왔다는 것입니다. 그런 분위기가 바로 성령께서 역사하시는 분위기이기 때문입니다!

기도하는 것은 잘한 일이었습니다. 기도가 첫걸음입니다. 그러나 만일 당신이 높은 연단에 서고 싶다면, 당신이 첫 단계를 밟았다고 해서 당신이 연단에 선다는 의미는 아닙니다. 그 밖의 모든 단계들도 밟아야 할 것입니다.

바울과 실라가 한밤중에 기도하고 하나님을 찬송한 그 실례는 단지 여백을 채우기 위해서 성경에 나와 있는 게 아닙니다. 그 실례가 거기에 기록된 것은 우리에게 필요한 정보를 제공해서 어떻게 승리를 얻는지 보여주려는 것입니다.

## 내가 찬양의 능력을
## 어떻게 배우게 되었는가

당신은 아마 내가 전에 치유간증 한 것을 들었을 것입니다. 나는 16개월 동안 병상에 누워 있었는데, 그때 일어난 일을 전부 이야기하려면 16개월은 걸릴 것입니다! 그래서 주로 내가 이 장에서 말하려고 하는 것에 적절한 부분만 언급하려고 합니다. 찬양을 통해 승리를 얻는 방법에 대한 것입니다.

주님께서 나에게 믿음을 가르치라고 지시하신 때부터 내가 항상 강조한 것은 내가 마가복음 11:23-24을 묵상한 후에 나의 믿음에 따라 행동했다는 사실이었습니다.

**마가복음 11:23-24**

"[23]내가 진실로 너희에게 이르노니 누구든지 이 산더러 들리어 바다에 던져지라 하며 그 말하는 것이 이루어질 줄 믿고 마음에 의심하지 아니하면 그대로 되리라 [24]그러므로 내가 너희에게 말하노니 무엇이든지 기도하고 구하는 것은 받은 줄로 믿으라 그리하면 너희에게 그대로 되리라."

내가 16개월 동안 병상에 있었고, 미국 최고의 의사들이 나를 이러나저러나 죽을 수밖에 없는 사람이라고 말했지만, 나는 내 응답이 바로 그 말씀에 있다는 내적인 확신이 있었습니다.

한편 나의 할아버지가 부유하게 살지는 않았으나, 재산은 많았습니다. 할아버지는 나를 기차에 태워 미네소타 주 로체스터(Rochester)에 소재한 유명한 메요 의료원(Mayo Clinic)으로 보내서 나를 치료할 수 있겠는지 알아보려고 문의를 했습니다.

그러나 메요 의료원에서 이렇게 회신을 했습니다.

"당신 손자의 질병을 담당하는 의사들 중 한 분은 당대 제일의 의사요 세계 최고의 명의 중 한 분입니다. 우리는 해마다 그분을 초청하여 여러 다른 외과 기술을 가르치게 합니다. 그분이 우리에게 이렇게 말씀하셨습니다. '의학 기록을 볼 때, 케네스 해긴과 같은 질병을 가진 사람으로 16세를 넘긴 사람은 아직 한 사람도 없었습니다.'"

나는 열여섯 번째 생일을 맞기 4개월 전이었는데 완전히 병상에서 꼼짝달싹도 못하게 되었습니다. 나는 의사들 말대로 되어가고 있었습니다.

그런데 감사하게도 나는 거듭났고, 성령께서 내 안에 들어와 살게 되었습니다! 그분이 나를 인도하고 계셨는데, 난 처음에 그걸 알지도 못했습니다. 그분은 내게 말씀하고 계셨지만, 나는 알지 못했습니다. 나는 귀를 기울여 들어야 한다는 것을 알지 못했습니다!

1934년 8월 8일, 그러니까 나의 열여섯 번째 생일을 두 주간도 남겨놓지 않은 때에, 나는 너무도 힘이 없었기에 목욕도 어머니가 시켜줘야 했습니다. 어머니는 큰 베개 두 개로 나를 받치게 하고, 내 앞에는 성경을 받쳐놓아서 마가복음 11:23-24을 펴두었습니다.

나는 그 두 구절을 읽고 묵상을 했습니다.

그러고서 내가 말했습니다.


"주, 예수여! 주님께서 여기 이 땅에 계실 때 이렇게 말씀하셨습니다. '…… **무엇이든지 기도하고 구하는(원하는) 것은**

**받은 줄로 믿으라 ……'** 네, 저는 치유를 받기 원합니다. 저는 기도했습니다. 그리고 저는 믿습니다."

그런 다음, 나는 거만하지 않고 상냥하고 겸손한 음성으로 말했습니다.

"주님, 만일 주님께서 여기 이 땅에서 육신의 몸으로 계실 때 손을 뻗어서 제 손을 잡으시고 제 얼굴을 들여다보시면서 '아들아, 너의 문제는 네가 믿지 않는 거란다'라고 말씀하신다면, 저는 이렇게 말씀 드렸을 겁니다. '사랑하는 주 예수님, 그건 사실이 아니에요. 저는 분명히 믿습니다.'"

내가 방 안에서 혼자 큰 소리로 그 말을 했을 때 내 속에서, 나의 영으로 나는 이런 말을 들었습니다.

"너는 네가 아는 한에서는 분명히 믿고 있다."

아시겠지만, 예수님께서 요한복음 16장에서 성령에 관해 이런 말씀을 하셨습니다.

"그러나 진리의 성령이 오시면 그가 너희를 모든 진리 가운데로 인도하시리니 그가 스스로 말하지 않고 오직 들은 것을 말하며……"(13절).

이 말씀대로, 성령님은 우리에게 말씀하십니다. 감사한 일이지요.

성령께서는 "너의 문제는 네가 믿지 않는 것이다"라고 말씀하지 않으셨습니다. 그분은 이렇게 말씀하셨습니다.

"너는 네가 아는 한에서는 분명히 믿는다."

그 말은 내가 충분히 알지 못했다는 뜻이었습니다.

아시겠지만, 믿음은 하나님의 말씀의 지식에 근거합니다. 당신이 말씀에 대해 알면 알수록 더 많은 믿음을 갖게 될 것입니다.

그 세미한 성령의 음성은 계속하여 말했습니다.

"네가 아는 한에서는, 너는 분명히 믿는다. 그런데 그 마지막 문구가 그 구절에 동반되어 있는 거야."

그러면서 마가복음 11:24의 마지막 부분을 인용하셨습니다. 아시겠지만, 나는 방금 마가복음 11:24 말씀에서 가운데 부분에 집중해 있었습니다.

"…… **무엇이든지 기도하고 구하는 것은 받은 줄로 믿으**

라 ……"

그러나 성령님께서 나에게 마지막 문구를 생각나게 해주
셨습니다.

"……**그리하면 너희에게 그대로 되리라.**"

그때 나는 보았습니다.

내가 육안으로 보았다는 뜻이 아닙니다.

내가 말했습니다.

"그게 보입니다! 제가 어디서 놓쳤는지 알았어요. 저는 먼
저 치유를 받고, **그 다음에** 믿으려고 애를 쓰고 있었네요."

성경은 당신이 무엇이든지 구하고 기도하는 것은 받은 줄
로 믿어야 합니다. 그러면 당신이 기도한 것을 얻게 될 것이라
고 말씀합니다. 만일 당신이 원하고 구하는 것이 치유라면, 당
신이 기도할 때 당신이 치유를 받은 것으로 믿으십시오. 그러
면 당신은 치유를 받을 것입니다. 만일 당신이 원하고 구하는
것이 재정이라면, 당신이 기도할 때, 당신이 재정을 받은 것으
로 믿으십시오. 그러면 당신은 재정을 받을 것입니다.

나는 아직도 병원에 누워 있어 한 발자국도 걷지 못했고,
"못" 하나 움직인 적이 없었지만, 내가 해야 할 일을 깨달았

습니다. 나는 허리 아래서부터 마비 상태에 있었습니다. 나는 내 몸이 병원에 누워 있는 것은 볼 수 있었지만, 그것을 느낄 수는 없었습니다. 하지만 거기에 여전히 누워있는 동안에도 나는 마비 증세 치유를 받았다고 믿어야만 했습니다. 나의 심장 박동이 여전히 정상적이지 못하고, 마치 실린더 하나로 가동되는 T모델 포드 자동차처럼 뛰고 있었지만, 나는 심장기형을 치유 받은 것으로 믿어야만 했습니다. 그리고 의사들이 내게 말한 그 불치의 혈액병도 치유를 받은 줄로 믿어야만 했습니다.

나는 그리 오래 걸리지 않을 것으로 알았지만, 이렇게 말했습니다.

"나는 내 치유를 받은 줄로 믿습니다. 내가 지금부터 50년 동안 여기 침상에 여전히 누워있다 할지라도 나는 여전히 똑같은 말을 할 것이고, 똑같은 것을 믿을 것입니다."

## 찬양은 당신의 믿음의 표현이다

나는 내 간증에서 그 부분을 여러 번 말했습니다. 그러나 기도에 관해 가르칠 때, 성령님께서 내게 뭔가를 기억나게 해 주셨습니다. 내가 방금 당신에게 말한 그 단계들을 밟아가는 바로 그때에 나는 주님을 찬양하라는 내적인 충동 내지는 자극을 느꼈습니다.

나의 나이가 열여섯이었는데, 그때까지 나는 누가 "주님을 찬양하라" 혹은 "하나님께 영광을 돌립니다"라고 말하는 것을 들어본 적이 없었습니다. 어느 누가 "할렐루야" 혹은 다른 어떤 찬양의 말을 하는 것을 들어본 적이 없었습니다.

내가 들어본 것이라고는 기도 끝에 "아멘"이라고 말하는 것이 전부였습니다. 목사님께서 설교 전에 기도를 하거나, 제직 중 한 사람에게 기도를 요청하는 경우가 있는데 기도를 마쳤을 때 "아멘"이라고 말하는 것 외에 다른 어떤 말을 하는 사람이 없었습니다. 내가 들은 말이라고는 그게 전부였습니다. 나는 평생 교회생활을 해왔었습니다. 하지만 "아멘"이라고 말하는 것은 하나님을 찬양하는 게 아닙니다.

그러나 나는 하나님을 찬양하고자 하는 충동을 느꼈습니다. 아시겠지만, 성령께서는 항상 당신을 인도하시되 말씀과 일치하게 당신을 인도하십니다. 당신은 그것을 알지 못할 수도 있습니다.

그때 당시 나는 확실히 그것을 알지 못했지만, 성령님은 기도와 찬양이 함께 간다는 것을 알고 계셨습니다. 그분은 기도가 찬양이 없으면 효과가 없다는 것을 알고 계셨습니다. 나는 그 내적인 자극, 곧 내 속에 있는 뭔가가 하나님을 찬양하도록 나를 주도하시는 무엇이 있었습니다. 그래서 나는 그대로 했습니다. 나는 큰 소리로 외치기 시작했습니다.

"주님을 찬양합니다! 할렐루야! 하나님께 영광을 돌립니다! 예수님, 감사합니다!"

아무도 그와 같은 말을 하는 것을 들어본 적이 없었기 때문에 그런 말이 내게는 이상한 듯했습니다. 그러나 나는 그 내적인 충동에 순종하여 이렇게 말했습니다.

"하나님께 영광을 돌립니다! 할렐루야! 하나님을 찬양합니다. 나는 내가 고침 받은 걸 믿습니다! 나는 내가 치유를 받은 줄로 믿습니다!"

내 생각에는 10분 정도 하나님을 찬양했던 것 같습니다. 그때 내 영으로 이런 말씀을 들었습니다.

"이제는 네가 건강해졌다는 것을 믿는구나."

내가 말했습니다.

"나는 확실히 믿습니다!"

그때 나는 그 세미한 음성이 이렇게 말하는 소리를 들었습니다.

"그렇다면, 일어나야지! 건강한 사람들은 아침 10시면 일어나 있어야 하는 거야."

자, 나에게 말해보세요. 마비된 사람이 어떻게 일어나겠습니까? 하지만 나는 노력을 했습니다. 나는 침대다리에, 내 몸을 "걸치고" 두 팔로 그것을 감싸쥔 채, 5센티도 못 되는 바닥으로 맥없이 주저앉았습니다.

그렇지만 나는 이렇게 말했습니다.

"나는 전능하신 하나님과 주 예수 그리스도와 성령님 앞에서 선포하고 싶습니다. 또한 마귀와 모든 귀신들에게 기록해두라고 요청하고 싶습니다. 하나님의 말씀에 의하면, 나는 치유를 받은 줄로 믿습니다!"

그때 나는 뭔가가 내 머리 정수리를 치는 것을 느꼈습니다. 그것은 마치 누군가가 내게 따뜻한 꿀을 붓는 것 같은 느낌이었습니다. 나는 그것이 내 머리를 친 다음, 내 얼굴에 흘러내리는 것을 느낄 수 있었습니다. 그것은 내 몸을 타고 내려가는데 두 팔로, 두 손으로, 그 다음에는 내 허리까지 내려갔습니다. 내 허리서부터 아래로는 아무런 느낌이 없었지만, 내 두 다리에서는 뭔가 감각을 느끼기 시작했습니다. 내 짐작에는 내 두 다리의 모든 신경이 다시 활성화되는 것 같았습니다. 왜냐하면 잠깐 사이에 마치 누군가가 내 두 다리에 일만 개의 핀을 꽂고 있는 것처럼 느꼈기 때문입니다!

하루 이틀 후에 나는 누군가에게 말했습니다.

"너무도 심하게 아팠는데, 만일 느낌이 아주 좋지 않았더라면 내가 소리를 지를 뻔했습니다!"

그 말이 모순된 소리 같이 들리겠지만, 당신이 감각이 전혀 없을 때, **어떤 것이든** 느낀다는 것은 기분 좋은 것입니다! 아무튼 그 통증은 그리 오래가지 않았고, 이내 나는 똑바로 서게 되었습니다. 하나님께 영광을 돌립니다!

여기서 당신에게 알려주고 싶은 게 이것입니다. **응답은 내가 하나님을 찬양하는 동안에 왔다는 것입니다.**

GREATER
GLORY

제2장

하나님은 그의 백성들의 찬송 가운데 거하신다

제2장

성경은 말씀합니다.

**"이스라엘의 찬송 중에 계시는 주여 주는 거룩하시니이다"**(시 22:3).

그러므로 당신은 그것을 이렇게도 말할 수 있을 것입니다.

"하나님은 그분의 백성들의 찬송 가운데 거하십니다."

그러나 만일 찬송이 없다면, 하나님께서 거하실 곳은 아무 데도 없습니다! 하나님을 찬송하면 그분이 역사하실 분위기가 조성됩니다. 그렇기 때문에 당신이 하나님을 찬송할 때 응답이 오는 것입니다.

시편 22:3은 "하나님은 그분의 백성들의 **기도 가운데** 거하신다"라고 말씀하지 않습니다. 네, 물론 하나님께서는 그분의 백성들의 기도를 **들으십니다.** 하지만 거하시기는 그들의 찬송 가운데 **거하십니다!**

당신은 혹 미시시피 주 잭슨에 거주하고 계실지 모르겠습니다. 그 말은 당신이 그곳에 살고 있다는 뜻입니다. 그런데 성경은 하나님께서 그분의 백성들의 찬송 가운데 거하신다고 말씀합니다. 그 말은 거기가 하나님께서 살고 계시는 곳이라는 뜻입니다!

성경은 또한 이렇게 말씀합니다.

"…… **두세 증인의 입으로 말마다 확정하리라**"(고후 13:1).

우리는 이미 사도행전 16:25 말씀을 공부했습니다.

이제는 하나님을 찬송할 때 어떻게 엄청난 구원을 가져오는지 또 다른 예를 살펴보겠습니다.

**역대하 20:1-7, 10-12, 14-15**

"¹그 후에 모압 자손과 암몬 자손들이 마온 사람들과 함께 와서 여호사밧을 치고자 한지라

²어떤 사람이 와서 여호사밧에게 전하여 이르되 큰 무리가 바다 저쪽 아람에서 왕을 치러 오는데 이제 하사손다말 곧 엔게디에 있나이다 하니

³여호사밧이 두려워하여 여호와께로 낯을 향하여 간구하고 온 유다 백성에게 금식하라 공포하매

⁴유다 사람이 여호와께 도우심을 구하려 하여 유다 모든 성읍에서 모여와서 여호와께 간구하더라

⁵여호사밧이 여호와의 전 새 뜰 앞에서 유다와 예루살렘의 회중 가운데 서서

⁶이르되 우리 조상들의 하나님 여호와여 주는 하늘에서 하나님이 아니시니이까 이방 사람들의 모든 나라를 다스리지 아니하시나이까 주의 손에 권세와 능력이 있사오니 능히 주와 맞설 사람이 없나이다

⁷우리 하나님이시여 전에 이 땅 주민을 주의 백성 이스라엘 앞에서 쫓아내시고 그 땅을 주께서 사랑하시는 아

브라함의 자손에게 영원히 주지 아니하셨나이까……

10 옛적에 이스라엘이 애굽 땅에서 나올 때에 암몬 자손과 모압 자손과 세일 산 사람들을 침노하기를 주께서 용납하지 아니하시므로 이에 돌이켜 그들을 떠나고 멸하지 아니하였거늘

11 이제 그들이 우리에게 갚는 것을 보옵소서 그들이 와서 주께서 우리에게 주신 주의 기업에서 우리를 쫓아내고자 하나이다

12 우리 하나님이여 그들을 징벌하지 아니하시나이까 우리를 치러 오는 이 큰 무리를 우리가 대적할 능력이 없고 어떻게 할 줄도 알지 못하옵고 오직 주만 바라보나이다 하고……

14 여호와의 영이 회중 가운데에서 레위 사람 야하시엘에게 임하셨으니 그는 아삽 자손 맛다냐의 현손이요 여이엘의 증손이요 브나야의 손자요 스가랴의 아들이더라

15 야하시엘이 이르되 온 유다와 예루살렘 주민과 여호사밧 왕이여 들을지어다 여호와께서 이같이 너희에게 말씀하시기를 너희는 이 큰 무리로 말미암아 두려워하거

나 놀라지 말라 이 전쟁은 너희에게 속한 것이 아니요 하나님께 속한 것이니라."

그 전쟁이 이스라엘의 전쟁이 아니라 하나님의 전쟁이었음에도 불구하고, 백성들이 맡아야 할 부분은 여전히 있었습니다. 바꾸어 말하면, 그들이 가만히 앉아서 이런 말만 하고 있지는 않았습니다.

"그러게 말이야, 전쟁은 여호와께 속한 것이니 우리는 하나님께서 무슨 일을 하실 때까지 그냥 여기 앉아있지 뭐."

그 부분을 계속 더 읽어보십시다.

### 역대하 20:16-20

"[16]내일 너희는 그들에게로 내려가라 그들이 시스 고개로 올라올 때에 너희가 골짜기 어귀 여루엘 들 앞에서 그들을 만나려니와

[17]이 전쟁에는 너희가 싸울 것이 없나니 대열을 이루고 서서 너희와 함께 한 여호와가 구원하는 것을 보라 유다와 예루살렘아 너희는 두려워하지 말며 놀라지 말고

내일 그들을 맞서 나가라 여호와가 너희와 함께 하리
라 하셨느니라 하매

<sup>18</sup>여호사밧이 몸을 굽혀 얼굴을 땅에 대니 온 유다와 예
루살렘 주민들도 여호와 앞에 엎드려 여호와께 경배
하고

<sup>19</sup>그핫 자손과 고라 자손에게 속한 레위 사람들은 서서
**심히 큰 소리로 이스라엘 하나님 여호와를 찬송하니라**

<sup>20</sup>이에 백성들이 아침에 일찍이 일어나서 드고아 들로 나
가니라 나갈 때에 여호사밧이 서서 이르되 유다와 예루
살렘 주민들아 내 말을 들을지어다 너희는 너희 하나님
여호와를 신뢰하라 그리하면 견고히 서리라 그의 선지
자들을 신뢰하라 그리하면 형통하리라 하고."

20절에 보니, 만일 당신이 선지자가 말한 것을 믿지 아니
하면 형통하지 못할 것이라고 말합니다. 주님의 말씀에서 유
익을 얻기 위해선 당신은 그 말씀을 **믿어야** 합니다.

그러므로 15절에서 보았듯이, 당신이 믿는 바가 이루어
지도록 가만히 앉아 기다리면 안 됩니다. 안 되고 말고요! 말

씀에 근거하여 **행해야** 합니다!

**역대하 20:21-22, 24-25**

"²¹(여호사밧이) 백성과 더불어 의논하고 노래하는 자들
을 택하여 거룩한 예복을 입히고 군대 앞에서 행진하
며 여호와를 찬송하여 이르기를 여호와께 감사하세 그
의 인자하심이 영원하도다 하게 하였더니

²²**그 노래와 찬송이 시작될 때에 여호와께서 복병을 두어 유
다를 치러 온** 암몬 자손과 모압과 세일 산 **주민들을 치게
하시므로 그들이 패하였으니** ……

²⁴유다 사람이 들 망대에 이르러 그 무리를 본즉 땅에 엎
드러진 시체들뿐이요 한 사람도 피한 자가 없는지라

²⁵여호사밧과 그의 백성이 가서 적군의 물건을 탈취할
새 본즉 그 가운데에 재물과 의복과 보물이 많이 있으
므로 각기 탈취하는데 그 물건이 너무 많아 능히 가져
갈 수 없을 만큼 많으므로 사흘 동안에 거두어들이고."

다시 주목해보십시오. 응답은 그들이 하나님을 찬송할 때

왔습니다. 그들은 이미 기도를 드렸습니다(4-12절). 하지만 응답, 즉 그들의 구원은 그들이 하나님을 노래하고 찬송하는 동안에 왔습니다. 그것이 하나님을 현장에 임하게 하는 방법입니다.

하나님께서는 그분의 백성들의 찬송 가운데 거하십니다. 그 말은 하나님께서 찬송 안에 계신다는 뜻입니다. **그 말은 그분**이 **거기에** 계신다는 의미입니다! 하나님은 그분의 백성들이 그분을 찬송할 때 항상 현장에 임하십니다.

**역대하 5:13-14**

"[13]나팔 부는 자와 노래하는 자들이 일제히 소리를 내어 **여호와를 찬송하며 감사하는데** 나팔 불고 제금 치고 모든 악기를 울리며 소리를 높여 여호와를 찬송하여 이르되 선하시도다 그의 자비하심이 영원히 있도다 하매 그 때에 **여호와의 전에 구름이 가득한지라**

[14] 제사장들이 그 구름으로 말미암아 능히 서서 섬기지 못하였으니 **이는 여호와의 영광이 하나님의 전에 가득함이었더라.**"

다시 주목해보십시오. 만일 그들이 하나님을 찬송하지 않았더라면, 하나님께서 거하실 일이 전혀 없었을 것입니다! (그렇기 때문에 대부분의 교회들에서 하나님의 나타나심의 역사가 없는 것입니다.)

역대하 5장에서 이스라엘 백성들은 솔로몬 성전을 봉헌하고 있었습니다. 악기 연주자들과 노래하는 자들이 하나가 되어 하나님을 찬송하였습니다. 그들이 "여호와는 선하시고, 그의 자비하심이 영원히 있도다"라고 노래하며 찬송하기 시작하자 하나님의 영광이 하나님의 전에 가득하여 제사장들이 능히 서서 섬기지 못하였습니다!

하나님의 영광이 때로는 구름으로 나타나기도 합니다. 나는 집회하면서 그것을 여러 번 목도하였습니다. 우리가 하나님을 찬양하고 있는 동안, 사람들의 머리 위에 그것이 나타납니다. 우리가 하나님을 찬양할 때 그 구름은 "점점 더 짙어집니다." 왜냐하면 하나님께서 그분의 백성들의 찬양 가운데 거하시기 때문입니다! 우리가 더 큰 영광으로 나아갈 때, 우리는 이를 더욱 더 많이 보게 될 것입니다.

# GREATER
# GLORY

제3장

더 큰 영광으로 들어가기

제3장

당신은 더 큰 영광으로 올라가고 싶습니까?

영적으로 말하면, 더 높은 고지로 올라가고 싶습니까?

나는 그 첫 번째 말인 "더 큰 영광"이란 표현을 좋아합니다. 왜 그러한지는 본 장의 뒤에 가서 말씀 드리겠습니다.

우리가 1987년도 캠프미팅(Camp meeting)을 준비하고 있을 때, 나는 무슨 주제로 말씀을 전할까 기도를 하고 있었지만 도무지 정할 수가 없었습니다. 우리는 항상 다른 강사들을 초청하지만, 월요일 밤 집회 시작은 보통 내가 담당합니다.

캠프미팅이 시작되기 전, 목요일 새벽에(자정을 지나서) 나는 잠에서 깨어 기도를 시작했습니다. 나는 항상 밤 시간에 기도를 많이 했습니다. 그러기에 세 시간 이상 방언으로 기도를 하였습니다.

「계획과 목적 및 추구(Plans, Purposes, and Pursuits)라는 나의 저서와 오디오테이프 시리즈는 바로 그 기도 시간에서 나왔습니다. 나는 그것의 대부분을 방언으로 기도하였고, 그 다음에 나의 기도를 통역했습니다.

그런데 그 기도시간이 끝날 때쯤, 나는 한 환상을 보았습니다(앞 서문에서도 언급한 바 있음 – 편집주). 털사 컨벤션 센터(Tulsa Convention Center)가 보였는데, 거기는 우리가 해마다 캠프미팅 집회를 하는 곳으로, 지난 20여 년 동안 그렇게 해왔습니다. 예수님과 내가 건물 천정이 있는 곳쯤에 서서 캠프미팅 집회 중 하나를 내려다보고 있었습니다. 강당은 사람들로 가득 찼고, 모든 사람들은 손뼉을 치고 있었습니다.

그때 예수님께서 내게로 몸을 돌려 말씀하셨습니다.

"손뼉을 치는 것은 찬양도 경배도 아니다."

나는 그 말씀에 잠시 깜짝 놀랐습니다.

주님께서 계속 설명을 하셨습니다.

"손뼉을 치는 것은 그저 **박수갈채다**."

그런 다음, 주님께서 그것을 내게 설명해주셨는데, 요컨대 다음과 같이 말씀하셨습니다.

"만일 손뼉 치는 것이 찬양이나 경배라면, 정치집회에 참석한 사람들이 손뼉을 칠 때 그들은 하나님을 찬양하고 경배하고 있는 것이다. 그리고 구기종목 경기에 참석한 사람들이 손뼉을 칠 때 그들은 하나님을 찬양하고 경배하고 있는 것이다. 너는 하나님을 향해서 손뼉을 쳐서는 안 된다. 하나님은 **경외**를 해야 하는 것이다."

 '거룩한 손을 들어'

혹자는 이렇게 말합니다.

"'손바닥을 치고 즐거운 소리로 하나님께 외칠지어다'라고 말씀하는 시편 47:1은 어떻게 되는 겁니까?”

네, 성경 한 구절을 따로 떼어내서 그것으로 교리를 세울 수는 없습니다. 그 구절은 성경 전체에서 손뼉을 치라고 말하는 유일한 구절입니다.

### 시편 47:1

“(고라 자손의 시, 인도자를 따라 노래) 너희 만민들아 손
　바닥을 치고 즐거운 소리로 하나님께 외칠지어다.”

당신은 이 시편이 누구에게 주신 것인지 주목해보았습니까?

이 시편은 음악 인도자에게 주신 노래였습니다. 그래서 우리가 노래할 때 손뼉을 치는 것은 괜찮은 것으로 알고 있습니다. 이 구절과 관계 있는 것은 그게 전부입니다. 하나님을 찬양하는 사람들과 관련하여 “손뼉을 친다”는 말이 성경에서 언급된 곳은 여기 한 번 나온 것이 유일합니다.

그러나 시편에만 하나님을 찬양하라는 말씀은 150번 이상 나옵니다. 그렇기 때문에 하나님을 찬양하는 것이 손뼉을 치는

것보다 더 중요합니다.

구약과 신약 전체에서 하나님을 찬양하는 것과 관련하여 손뼉 치는 것을 언급하는 다른 성경구절은 찾지 못할 것입니다. 없습니다. 우리의 입술로 하나님을 찬양하고 감사를 드리라고 하나님의 말씀은 말합니다.

**히브리서 13:15**

"그러므로 우리는 예수로 말미암아 항상 찬송의 제사를 하나님께 드리자 이는 그 이름을 증언하는 입술의 열매 니라."

이 구절은 주님을 찬송하라고 우리에게 직접 명령합니다.

또한 주님을 경배할 때 우리의 손을 사용하는 방법을 정확히 일러주는 신약성경 말씀이 있습니다.

**디모데전서 2:8**

"그러므로 각처에서 남자들이 분노와 다툼이 없이 거룩 한 손을 들어 기도하기를 원하노라."

"기도"의 한 가지 정의는 **하나님과의 교통**입니다. 당신이 하나님을 찬송하고 있을 때, 당신은 확실하게 그분과 교제하고 있는 것입니다. 그러므로 그 구절을 이렇게 읽는 것은 정당하지 못할 것입니다.

"그러므로 각처에서 남자들이 분노와 다툼이 없이 거룩한 손을 들어 **찬송하기를** 원하노라."

이 구절은 믿는 자들이 손으로 무엇을 해야 할지를 말해줍니다.

예수님께서도 내게 말씀하시기를 "세상은 **손뼉**을 치지만, 성도는 **찬송**을 한다"라고 하셨습니다.

한 번 생각해보세요.

세상 사람들이 하나님을 찬송하려고 손을 드는 것을 보셨습니까? 그러므로 우리는 세상의 관습을 교회 안으로 끌어들여서는 안됩니다.

그 다음에, 주님께서 나에게 이렇게 말씀하셨습니다.

"너희는 현재의 상황에서 (영적으로) 너무 멀리 가 버렸다. 내 백성들에게 손뼉치기를 그만두고 찬송을 시작하라고 말하

라. 그러면 그들이 더 큰 영광으로 올라갈 것이다."

바로 거기서 나는 "더 큰 영광"이라는 표현을 얻었습니다. 우리가 하나님의 더 큰 영광으로 들어가는 방법은 주님을 경외하는 것입니다.

 ## 우리 가운데 하나님이 임재하여 계심을 경외하라

만일 당신이 역사를 공부하거나 성경 역사에 대한 지식이 있다면, 원래 성경은 타자기나 식자기로 프린트 된 게 아니었다는 것을 알 것입니다. 히브리 서기관들이 그것을 손으로 기록하였습니다. 그들은 하나님을 너무도 경외하고 존경했기 때문에 하나님의 이름 – 구약에서는 하나님이 여러 다른 이름으로 알려지셨다 – 을 쓰려고 할 때는 그분의 이름을 쓰기 전에 작업을 중지하고 목욕을 한 다음, 깨끗한 옷으로 갈아입었습니다.

우리는 하나님께 마땅히 드려야 할 존경과 경외를 표하는

데서 많이 벗어나 있습니다. 예를 들면, 지난 날에 때때로 사람들은 "하나님께 박수칩시다"라고 말하곤 했습니다. 내가 보기에 그것은 비성경적이며 불경스럽습니다. 하나님을 저급한 수준으로 끌어내리는 행위이기 때문입니다. 그분은 하나님이시기 때문에 하나님을 인간의 수준으로 끌어내려서는 안 됩니다. 그분은 거룩하십니다!

나는 또한 사람들이 이렇게 말하는 것도 들어보았습니다.

"만일 미국의 대통령이 여기에 계신다면, 우리는 모두 일어서서 그분께 박수갈채를 보낼 것입니다. 그런데 대통령보다 더 크신 분이 여기에 계십니다. **예수님**이 여기에 계십니다! 그러니 모두 일어서서 그분께 박수칩시다."

그러나 하나님께는 **박수갈채**를 보내지 않습니다. 그런 행위는 하나님을 인간 수준으로 끌어내리는 것입니다. 당신이 정치인에게 박수갈채를 보내듯 하나님께도 박수갈채를 함으로 하나님을 경외하는 게 아닙니다.


우리는 박수를 칠 때와 치지 말아야 할 때를 배워야 합니다. 우리가 노래할 때 박수를 치는 것은 좋습니다. 또 강사를 소개

할 때 박수갈채를 보내서 그 강사가 환영 받는다는 것을 알게 해주는 것은 잘 하는 일입니다.

그러나 찬양가수나 성가대가 기름 부음이 있는 아름다운 찬양을 부를 때, 그들이 한 일에 대해 박수갈채를 하는 것보다는 손을 들어 하나님을 찬양해야 한다고 나는 생각합니다.

당신이 찬양의 노래 부르기를 좋아한다면, "하나님을 찬양합니다." "할렐루야." "하나님께 영광을 돌립니다!"와 같은 말을 해야 합니다. 그냥 하나님을 찬양하고 그분께 영광을 돌리십시오. 찬양가수들에게 박수갈채를 하지 마십시오!

그것뿐 아니라, 목사님께서 설교 중 은혜로운 말씀을 하시거나 좋은 예화를 말씀하실 때는 박수를 치지 마십시오. 그 이유는 설교가 계속 진행될 경우, 박수로 인해 무슨 말씀을 하셨는지 놓쳐버릴 성도들이 있을 것이기 때문입니다.

그러나 당신이 하나님을 찬양하게 되면, 그 설교자는 날아오를 것입니다. 당신이 하나님을 찬양할 때, 성령님의 흐름을 타기 때문입니다! 그러나 당신이 박수를 칠 때는 그 흐름에서 벗어나는 것입니다.

히브리서 13:15은 말씀합니다.

"…… 항상 찬송의 제사를 하나님께 드리자 이는 그 이름을 증언하는 입술의 열매니라."

당신의 입술의 열매란 당신이 뭔가를 **말하는** 것입니다. 그러므로 박수를 치지 마세요. 당신의 입을 열어 하나님을 찬양하십시오!

문제는 우리가 "무턱대고 손뼉을 치고 싶어한다"는 것입니다! 무슨 일이든지 아무 거나 손뼉을 칩니다. 그건 좋은 매너가 아니며, 분별 있는 행동은 더더구나 아닙니다.

말이 난 김에 한마디 한다면, 성령님께서 운행하고 계시는데 사람들이 일어나서 예배 자리를 떠나버릴 때, 그것은 나쁜 매너를 보이는 겁니다. 그것은 성령님을 근심시킵니다. 우리가 성령님을 근심시키면, 더 큰 영광으로 들어갈 수 없습니다. 우리는 성령님의 흐름을 타서 참된 찬양과 경배로 돌아가는 법을 배워야 합니다.


60년 전, 우리의 집회에서는 어떤 경우에도 박수 치는 일이 없었습니다. 사람들은 하나님을 찬양했습니다. 오늘날보다도 하나님의 것들에 대해 더 깊은 경외심을 가졌습니다.

그 당시에는 성령님의 역사와 감동이 더 깊었습니다. 우리는 그때로 돌아갈 것을 믿습니다. 우리가 하나님의 것들을 마땅히 경외할 때, 더 깊은 하나님의 역사와 감동을 경험할 것입니다.

한 번은 내가 예배에서 통변, 즉 예언의 영으로 말하고 있을 때, 한창 진행 중에 갑자기 어떤 사람이 박수를 치기 시작하자 모두가 합세하였습니다. 그들은 박수 소리에 예언으로 주신 말의 절반을 듣지 못했습니다.

만일 성령님께서 방언과 통변, 혹은 예언으로 우리에게 말씀하실 경우, 우리는 조용히 귀를 기울여야 합니다. 그리고 그것이 끝났을 때, 성령의 나타나심을 인하여 손을 들고 하나님을 찬양해야 합니다.


나는 또한 성령님께서 운행하시고, 나에게 기름 부으심이 임하여 어떤 사람들에게 사역을 하게 되는 집회를 여러 번 경험하였습니다.

한 번은 내가 핑크 블라우스를 입은 여자를 가리키면서 지식의 말씀으로 그녀의 문제가 무엇인지 그녀에게 말하기 시작하면서 그녀에게 치유 사역을 할 수 있었습니다.

그런데 내가 그녀에게 말하자마자, 모든 사람들이 손뼉을 치기 시작했고, 기름 부음은 내게서 떠났습니다. 마치 어깨 위에 앉은 새처럼, 그것이 날아가버렸습니다. 기름 부으심이 떠났던 것입니다. 하나님께서는 그분의 백성들의 **손뼉침**에 거하시는 게 아니라, **찬송** 가운데 거하시기 때문입니다.

나는 그런 집회를 눈물을 머금고 떠났습니다. 왜냐하면 그 사람들에게는 하나님의 성령을 근심시켰다는 것을 알만한 영적 분별력이 없었기 때문입니다. 문제는 그들에게 경외심이 충분치 않았던 것입니다. 영적인 "깊이"가 부족했습니다. 그들은 혼의 영역에서 떠돌고 있었습니다.

그것은 성령님을 근심시킵니다. 그 이유는 성령님께서는 뭔가를 말씀하려 하시고 우리는 귀를 기울여 듣지 않으려고 하기 때문입니다. 예배 가운데 운행하시는 하나님께 대한 경외심이 없음으로 인해 성령님을 근심시켜서 성령님이 떠나시기 때문에 훌륭한 예배가 망쳐지는 것을 나는 여러 번 목도하였습니다. 하나님의 성령께서 단호히 떠나버리셨는데,

나에게서 떠나신 게 아니고, 혹은 다른 누구에게서 개인적
으로 떠나신 것도 아니고, 바로 예배로부터 떠나셨습니다.

## 성령의 흐름과 함께 할
## 책임이 당신에게 있다

언젠가는 우리 각 사람이 하나님 앞에 서서 우리가 참석
한 예배에서 일어난 일에 대해 설명을 해야 할 것입니다. 모
든 책임을 목사님께 돌리고 싶어하는 사람들이 있습니다. 그
러나 설교자나 목사나 교사가 회중이나 일단의 사람들에게
책임을 지울 수 없듯이, 그들 또한 그 한 사람에게 책임을 지
울 수 없습니다.

자, 예수님으로 그것을 증명할 수 있습니다. 사람으로 성
령을 한량 없이 받으신 자는 아무도 없었습니다. 예수님께서
는 성령을 한량 없이 받으셨습니다. 하지만 예수님께서는 그
분의 고향에서 기적을 행하실 수 없었습니다.

**마가복음 6:5-6**

"<sup>5</sup>거기(나사렛)서는 아무 권능도 행하실 수 없어 다만 소
수의 병자에게 안수하여 고치실 뿐이었고
   <sup>6</sup>그들이 믿지 않음을 이상히 여기셨더라."


헬라어 번역본은 이렇게 말합니다.

"그가 경중의 병을 가진 소수의 사람들에게 안수하셨다."

소수의 사람들만이 예수님께서 고향 마을에서 어떻게든 치
유를 받게 해주신 유일한 사람들이었습니다.

왜 그랬을까요? 그들의 믿지 않음, 즉 불신앙 때문이었습
니다.


내가 마지막으로 목회했던 교회에는 우리 교회 교인이 아
니지만, 정기적으로 우리 교회에 나오는 성도가 한 사람 있었
습니다.

어느 날 그가 내게 말했습니다.

"나는 정말이지, 목사님의 입장이 되고 (be in your shoes) 싶
지 않습니다."

나는 내 신발을 내려다봤습니다. 그 사람이 내가 신고 있는 신발에 대한 이야기를 하는 건지 알지 못했기 때문입니다(그 신발은 그 당시 내 형편에는 가장 좋은 것으로, 내가 보기에 그리 나빠 보이지는 않았습니다).

그래서 내가 그에게 물었습니다.

"당신이 '내 입장이 되고 싶지 않다'(be in my shoes)고 하신 말씀이 무슨 뜻입니까? 내 발에 신은 신발을 말하는 겁니까? 아니면, 내 입장이 되고 싶지 않다는 뜻입니까? 즉, 내가 결혼한 여자와 결혼한다거나, 아니면 내가 운전하는 차를 운전한다거나 그런 걸 하고 싶지 않다는 뜻입니까? 그 말을 무슨 뜻으로 하셨습니까?"

그러자 그 사람의 얼굴 표정이 정말로 심각해지더니 이렇게 말했습니다.

"목사님은 목사님이 설교하고 가르친 모든 것에 대해 하나님께 보고해야 한다는 것을 모르십니까?"

내가 말했습니다.

"당신은 내가 설교하고 가르치는 모든 것에 대해 하나님께 보고해야 한다는 것을 알지 못하십니까?"

그가 말했습니다.

"내가요? 무엇을요?"

내가 말했습니다.

"네! 내가 말씀으로 당신에게 증명해 드리지요."

나는 그와 함께 씨 뿌리는 자의 비유를 살펴보았습니다(막 4:3-8). 나는 설명하기를, 씨 뿌리는 자가 뿌리러 나갔는데, 씨는 하나님의 말씀이므로 씨 뿌리는 자는 하나님의 말씀을 전하는 설교자나 교사라고 말했습니다.

그 다음에, 내가 그에게 물었습니다.

"예수님께서 그 모든 시간 내내 그 이야기를 하셨는데, 씨 뿌리는 자에 대한 언급은 딱 한 번만 하신 것을 주목해 보셨나요? 예수님은 씨 뿌리는 자의 책임에 대해서는 아무 말씀도 안 하셨습니다. 주님께서는 듣는 자에 대한 이야기만 내내 하셨습니다. 주님께서 듣는 자의 책임에 대한 이야기를 마무리하시면서 이렇게 말씀하셨습니다. '그러므로 너희가 어떻게 들을까 스스로 삼가라 ……'"(눅 8:18)! 당신이 어떻게 듣는가에 대한 책임은 당신에게 있습니다."

"물론, 목사가 설교하고 가르치는 것에 대한 책임은 목사에게 있습니다. 하지만 더 큰 책임은 어디에 있나요? 듣는 사람에게 있지요!"

아내와 내가 아는 사람 중에 거듭나고, 성령 충만하며, 방언을 하고, 교회 다니기를 좋아하는 한 여성이 있었습니다. 그녀는 예배를 놓쳐본 적이 한 번도 없었습니다. 왜냐하면 하나님께서 운행하시는 것을 보기를 아주 좋아했기 때문입니다. 그녀는 어떤 일에도 참여하지 않았지만, 다른 사람들이 은혜 받는 것을 보면 아주 좋아했습니다.

한 번은 아내와 나랑 셋이서 함께 대화를 나누는데, 그 여성이 이렇게 인정했습니다.

"아, 네. 저는요, 은혜로운 설교를 좋아하지만, 그것에 주의를 집중해 본 적은 한 번도 없어요. 저는 약간은 한 귀로 듣고, 다른 귀로 흘리는 편입니다."

"왜요?" 하고 우리가 물었습니다.

"글쎄요, 제가 알지 못하는 경우, 책임을 지지 않을 거니까요."

그러나 당신은 알든 모르든, 말씀을 들었기 때문에 책임을 지는 것입니다.

## 왜 주님께서 내게
### 성령집회를 열라고 지시하셨는가

믿는 자들은 성령의 흐름을 타는 법을 배우는 것이 중요합니다.

여러 해 전에 주님께서 내게 말씀하시기를, 성령이 운행하시는 움직임이 있는데, 그것을 가르치지 않으면 이 세대에 없어질 것이라고 하셨습니다. 그래서 주님께서 내게 다른 종류의 예배, 즉 성령집회를 열라고 말씀하셨습니다.

"성령집회가 무엇입니까?" 하고 내가 주님께 물었더니, 이렇게 말씀하셨습니다.

"첫째, 성령집회에서는 말씀을 전하거나 가르친다.

둘째, 나타나시고 증거하실 때는 성령께서 인도하시고, 지도하시고, 명하신다.

셋째, 사람들의 필요가 채워지고 주님의 기쁨이 나타난다."

아시겠지만, 집회마다 목적이 다릅니다.

예를 들어, 기도회의 목적은 기도하는 것입니다. 전도집회의 초점은 사람들로 하여금 구원을 받게 하고 성령 충만을 받게 하는 것입니다. 그리고 치유집회에서는 사람들이 치유를 받으러 나옵니다. 물론, 그 모든 것들이 **어느** 집회에서나 일어날 수 있지만, 우리가 집회할 때마다 명확한 목적이 있어야 합니다.

그래서 1993년 이후부터 나는 성령집회를 열어왔는데, 성령의 초자연적인 흐름을 타는 법을 사람들에게 가르치려고 노력하였습니다.

우리의 성령집회에서 주로 강조하는 바는 성령의 인격과 나타나심이지만, 하나님의 말씀이 항상 우위에 있습니다. 바꾸어 말하면, 하나님의 말씀을 **첫 자리**에 두고, 초자연적인 표적과 나타남은 말씀을 전하거나 가르친 뒤에 **따라옵니다**(막 16:20).

 ### 성령의 뜻대로

우리가 성경에서 아는 바로는, 영적인 은사와 나타남은

성령의 뜻대로 기능합니다.

"이 모든 일은 같은 한 성령이 행하사 그의 뜻대로 각 사람에게 나누어 주시는 것이니라"(고전 12:11).

그 모든 것을 한 사람이 다 할 수 없다는 것을 우리는 깨달아야 합니다. 하나님께서 여러 다른 사람들을 여러 다른 방법으로 사용하십니다. 내가 인도하는 성령집회에서 모든 예배 설교를 다 내가 맡을 필요가 없습니다. 주님의 지시에 따라 여러 다른 분들의 설교를 듣습니다. 그것은 원맨쇼가 아닙니다. 하나님께서 누구든지 쓰고자 하시는 자를 사용하십니다.

나는 미국의 오순절 운동 초기에 활동했던 분들과 대화를 나눈 적이 있습니다. 그들의 말에 의하면, 캠프미팅과 여러 다른 집회에서 오전 예배 때는 교사가 가르치고, 밤 집회 때는 전도 강사가 말씀을 전하는 경우가 많았다고 했습니다. 오후 집회는 초빙강사나 혹은 지도자들이 요청하고 싶은 감동을 받은 사람이면 누구든지 전할 수 있게 했습니다.

지도자들은 이런 질문을 던지곤 했습니다.

"누구에게 메시지가 있는가?"

스미스 위글스워스(Smith Wigglesworth)는 영국의 목회자였는데, 그가 처음 미국에 왔을 때 그를 아는 사람이 아무도 없었습니다. 그가 캘리포니아의 베이 에리어(Bay Area)에서 열린 하나님의 성회 교단 캠프미팅에 참석했는데, 어느 날 오후 그가 메시지를 전하도록 했습니다. 집회 지도자들은 그에게 기름 부으심이 있는 것을 보고 밤 집회 전부를 그에게 맡겼습니다.

그들은 이렇게 말했습니다.

"우리가 들어야 할 메시지가 그에게 있습니다."

그들에게는 이미 매일 밤 메시지를 전하도록 예정된 전도 강사가 그곳에 참석해 있었습니다. 그러나 주최측에서 집회를 전부 위글스워스 목사님께 맡겼을 때, 그 강사는 감정이 상하지 않았습니다. 만일 성령께서 그런 식으로 운행하고 싶어하시면, 우리는 그렇게 하시도록 해야 합니다!

주님께서 무엇을 하고 싶어 하시든지 나는 괜찮습니다. 주님께서 누구를 쓰고 싶어 하시든지 나는 좋습니다. 왜냐하면 어떤 영역에서 특별히 기름 부음을 받은 사람이 있기 때문입니다.

1947년부터 1958년까지 미국에서 일어난 치유 부흥 시절에 미국의 거의 모든 치유 부흥 전도자들이 「치유의 소리」(The Voice of Healing) 잡지에 광고를 냈습니다. 해마다 추수감사절 전후에는 "치유의 소리" 집회가 열렸습니다.

1954년에는 필라델피아에서 열렸습니다. 여러 명의 목사님들이 함께 이야기를 나누고 있었습니다. 한 목사님이 말하기를, 자기는 듣지 못하거나 말을 못하는 사람들을 치유하는데 크게 쓰임 받았노라고 했습니다. 실제로, 그가 사역한 모든 사람이 치유를 받았습니다.

또 다른 목사님은 이렇게 말했습니다.

"나는 청각 장애인을 치유 받게 한 적이 한 번도 없었습니다. 그러나 눈병이 있거나 맹인이 오면 거의 매번 그들이 치유를 받았습니다."

다른 때에, 「치유자 그리스도」(Christ the Healer)를 저술한 보스워스(F. F. Bosworth) 목사님이 내게 말했습니다.

"어느 치유집회에서 내가 강단 앞으로 나오라 하고 이렇게 말했습니다. '여러분 가운데 귀에 이상이 있으시면, 청각 장애나 농아든지, 혹 수술을 받았는데 고막이 제거되었다 할지라도 앞으로 나오십시오.' 그때 19명이 나왔는데 모두 치유를 받았습니다! 그 이유를 나는 모르지만, 언제나 그런 식으로 역사가 일어납니다."

물론 나도 그 이유를 알지 못했는데, 말씀에서 답을 찾았습니다! 보스워스 목사님이 청각 장애자들과 농아자들을 치유 받게 한 것은 그의 은사가 그것이었기 때문입니다. 아시겠지만, 성령의 은사는 **성령의 뜻대로** 나타납니다.

사도행전 8장의 빌립에 대해 성경이 뭐라고 말했는지 주목해 보셨습니까?

### 사도행전 8:5-7

"⁵빌립이 사마리아 성에 내려가 그리스도를 백성에게 전파하니

⁶무리가 빌립의 말도 듣고 행하는 표적도 보고 한마음으로 그가 하는 말을 따르더라

⁷많은 사람에게 붙었던 더러운 귀신들이 크게 소리를 지르며 나가고 또 많은 중풍병자와 못 걷는 사람이 나으니."

빌립의 사역 가운데 일어난 치유들은 특정한 카테고리에 속하였습니다. 그것은 그가 받은 은사가 그것이었기 때문입니다.

6절은 말합니다.

"무리가 빌립의 말도 듣고 **그가** 행하는 표적도 보고 한마음으로 그가 하는 말을 따르더라."

고린도전서 12:9에 보면 "병 고치는 은사"(gifts of healing)가 있다고 말합니다. 이 구절의 헬라어 역본에는 두 단어가 다 복수로 되어 있습니다. "**치유들의 은사들**"(gifts of healings)

하나님의 말씀에 의하면, 예수님은 성령을 한량 없이 받으신 유일한 분이십니다. 그분이 여기 이 땅에 계실 때, 그분의 육신의 몸은 지상에서 유일한 그리스도의 몸이셨습니다. 지금은 **우리가** 그리스도의 몸입니다. 그분은 머리이고, 교회는 몸입니다.

### 요한복음 3:34

"하나님이 보내신 이(예수)는 하나님의 말씀을 하나니 이
　는 하나님이 성령을 한량 없이 주심이니라."

그리스도의 몸 전체는 총체적으로 성령을 한량 없이 받았지만, 당신과 나를 비롯한 우리 개인들은 그렇지 않다고 나는 믿습니다. 우리는 성령을 일정 분량씩만 받았습니다. 그렇기 때문에 성령께서 운행하시는 예배와 집회에 참석할 필요가 있는 것입니다. "각 사람에게 성령을 나타내심은 유익하게 하려 하심"(고전 12:7)이기 때문입니다.

 ## 성령께서 원하시는 대로 하게 하라

믿는 자들은 하나님의 성령께서 예배 중에 어떻게 운행하시는가에 관련하여 할 일이 많습니다. 우리는 성령께서 마음껏 운행하실 수 있는 분위기를 조성해야 합니다.

**고린도전서 3:16**

"너희는 너희가 하나님의 성전인 것과 하나님의 성령이 너희 안에 계시는 것을 알지 못하느냐."

확대역(The Amplified Bible)에서는 이렇게 말합니다.

"너희는 너희(고린도 교회 전체)가 하나님의 성전(그분의 성소)인 것과 하나님의 성령이 너희 안에서 그분의 영원한 처소(집단적으로 교회로서 그리고 또한 개인적으로, 너희 안에서 처소)를 삼으신 것을 분별하고 깨닫지 못하느냐?"

아시겠지만, 하나님의 성령은 믿는 자들의 몸에 거하시는데, 바로 거기가 성령께서 자신을 나타내시는 곳입니다. 다수의 신자들과 함께 주님을 섬길 때 성령의 은사들이 기능할 수 있는 분위기가 조성됩니다.


예를 들면, 1953년 1월, 텍사스 주 타일러(Tyler)에 소재한 루이스 목사님 교회에서 내가 설교를 하고 있었습니다.

어느 날 그가 "해긴 목사님, 제 조카를 기억하시나요?" 하고 물었습니다.

내가 그렇다고 말했습니다.

왜냐하면 내가 마지막으로 목회한 교회가 타일러에서 가까운 도시에 있었기 때문입니다.

루이스 목사님이 말했습니다.

"그렇군요. 조카는 지금 양쪽 폐에 암이 있어요. 우리가 하루에 여섯 번 그녀에게 식사를 주는데도 여전히 체중이 줄고 야위어 가서, 두어 달 전에 제가 그녀를 이곳의 암 클리닉에서 검진을 받게 했는데, 검진 후에 그들이 우리에게 말하기를 왼쪽 폐에 암이 있다고 했습니다."

그들은 암이 퍼지기 전에 바로 폐를 제거하길 원했습니다.

그때가 1953년이어서 오늘날과 같이 정교한 의료 장비가 전혀 없었습니다.

루이스 목사님이 계속 말했습니다.

"우리는 그 검진 결과를 받아들이지 않았어요. 저는 조카를 다른 클리닉으로 데려가서 검진을 받게 했는데, 거기서도 똑같은 말을 했습니다. 조카가 거리낌 없이 말하기를 수술 받는 문제를 가지고 한 주간 동안 기도하고 싶다고 하자, 의사는 이렇게 말했습니다. '우리가 기도를 믿지만, 일주일이 지나면 암이 너무 빠르게 퍼질 수가 있어요.' 하지만 조카는 시간을 정하고 기도했습니다. 그 주간이 끝날 무렵, 그녀가 말했습니다. '나는 수술을 받지 않겠습니다. 하나님께서 나를 고치실 것으로 믿겠으며, 만일 죽는다면 죽겠습니다.'"

그녀는 이렇게 말한 것이나 다름 없습니다.

"나는 하나님을 신뢰하고 살겠습니다."

수주간이 지나자 암이 오른쪽 폐로 퍼졌습니다. 의사들은 그녀가 원한다고 해도 이제는 수술이 너무 늦었다고 했습니다. 그녀는 이제 병석에 눕게 되었습니다. 그래서 그들이 그녀를 침대에서 내려 나의 집회에 데려왔습니다. 나는 화요일과 금요일 밤에만 병자 치유 사역을 했습니다. 그들은 그녀가 스피커를 통해 메시지를 들을 수 있도록 옆방에 있게 했습니다. 그런 다음, 그녀를 데리고 들어와 치유 받는 라인에 서게 했습니다.

나는 두 주간 동안 네 번 그녀에게 안수를 했는데, 아무 일도 일어나지 않았습니다. 세 번째 주간 화요일 밤에, 그들은 다시 그녀를 침대에서 내려 집회에 데려왔습니다. 이번에는 내가 치유를 위해 그녀에게 안수를 하자, 성령의 나타남이 있었습니다.

갑자기 하얀 구름 같은 것이 나를 둘러쌌습니다. 나는 두 눈을 크게 떴으나, 회중들을 볼 수가 없었습니다. 그들은 가버렸고, 한 사람도 없었습니다. 나는 내 자신과 이 젊은 여자만이 구름 가운데 서 있는 것을 보았습니다. 구약성경에 보면, 사람들이 하나님을 찬양할 때 자주 하나님의 영광이 구름의 형태로 나타났습니다.

나는 원숭이처럼 생긴 작은 동물을 보았는데 그것은 사실 귀신으로, 그녀의 몸의 왼쪽 폐(암이 시작된 곳)에 붙어 있었습니다. 나는 예수의 이름으로 그 악한 영이 그녀를 떠나도록 명령했습니다. 그랬더니 그놈이 "네가 그렇게 말하면, 나는 떠나야 한다는 걸 알지만, 사실은 떠나고 싶지 않아"라고 말했습니다.

"그녀를 떠나라!"라고 내가 말하자, 그놈은 바닥에 떨어지더니 매 맞은 작은 강아지처럼 누워서 부들부들 떨고 있었습니다.

그래서 내가 말했습니다.

"너는 그녀의 몸에서 떠나야 할 뿐만 아니라, 또한 이 경내에서도 떠나야 해."

그놈이 통로로 내리 달려 교회 문밖으로 나갔고, 그 여자는 치유가 되었습니다! 그녀의 나이는 23세로 여덟 살 때 구원을 받았지만, 성령 충만은 받은 적이 없었습니다. 그녀가 두 손을 들고 하나님을 찬양하기 시작하자 방언이 흘러나왔습니다.

바로 그 주간에 사람들이 그녀를 다시 병원의 의사들에게 데려갔고, 그녀는 새로 엑스레이와 폐 검사를 요청했습니다. 그녀가 건강이 더 좋아 보이지 않았으므로 의사들은 더 이상의 검사가 필요 없다고 그녀에게 말했습니다. 그러나 그녀가 계속 고집하자 그들은 할 수 있는 모든 검사를 다 했습니다.

의사들이 말했습니다.

"이해가 안 됩니다. 암이 사라졌어요. 어떻게 된 거죠?"

그녀가 그동안에 일어난 일을 그대로 말했습니다. 그녀를 완전히 낫게 한 것은 바로 하나님의 능력이라고 했습니다.

그러자 의사들이 그녀에게 양쪽 폐에 암이 있었지만, 지금은 완전히 없어졌음을 보증하는 공인 인증서를 작성해 주겠다고 했습니다!


내가 여기서 강조하려고 하는 바는, 만일 내가 치유를 하는 자였다면 내가 그녀를 위해 처음 기도했을 때 고쳐버렸지, 다섯 번까지 갈 필요는 없었을 것입니다. 아시겠지만, 성령의 역사는 우리가 컨트롤 할 수 있는 게 아닙니다. 그것은 하나님의 뜻대로 역사합니다. 그렇지만 성령께서 마음대로 운행하실 수 있는 그런 분위기는 우리가 조성할 수 있습니다.

내가 말하고 싶은 것은 이것입니다. 믿는 자들이 그들 가운데 하나님의 임재하심을 경외하지 않기 때문에 성령께서 원하시는 대로 역사하지 못하고 방해를 받는 경우가 허다합니다.

하나님의 더 큰 영광으로 들어가는 것은 성령의 흐름을 타는 법을 익히는 것과 관계가 있습니다. 우리는 하나님의 성령께 더 민감해지는 법을 배워야 합니다. 만일 우리가 성령님을 경외하게 된다면, 성령의 나타나심을 더 많이 경험하게 될 것입니다.


아내와 내가 목회한 교회들에서 우리는 상시적으로 부흥회를 열었습니다. 사람들은 구원을 받았고, 성령 충만을 받았으며, 정기적으로 치유를 받았습니다.

당신이 우리 교회의 집회에 오게 되면 반드시 뭔가를 받게 됩니다. 할렐루야! 우리 교회 성도들은 성령을 좇아 성령의 흐름을 타는 법을 배웠습니다.

하지만 오늘날 대부분의 교회들에서 영접기도를 원하는 사람은 강단 앞으로 나오라는 요청에 응답하여 나오게 되면, 사람들은 그들에게 박수를 치기 시작합니다. 사람들이 구원을 받는 것은 감사할 일입니다. 그렇지만 우리는 그들에게 박수갈채를 보내지 말아야 합니다. 하나님께 감사를 해야 합니다. 우리는 하나님께 찬양과 영광을 돌려야 합니다.

우리는 잘 분별해야 합니다. 당신이 박수를 칠 때는 성령의 흐름을 타고 있는 게 아닙니다. 당신은 자연적인 모습 또는 육체적인 반응으로 하나님을 경배하려고 합니다. 그리고 어떤 사람들은 박수 치는 습관에 젖어 있습니다. 당신이 그들에게 하나님을 찬양하게 하려고 할때, 그들은 어떻게 하는 것인지를 모릅니다.

그렇기 때문에 왜 주님께서 그리스도의 몸인 교회들이 영적으로 너무 멀리 가버렸다고 내게 말씀하셨는지 그 이유를 나는 이해합니다. 우리가 습관적으로 혹은 육체적인 반응으로 박수 치는 것을 그만두고 영으로 하나님을 깊이 찬양하고 경외하기 시작할 때, 우리는 **더 큰 영광**으로 올라가

게 될 것입니다!

이제 당신은 그 진술에 별별 반응들을 다 보게 될 것입니다. 하지만 하나님의 말씀은 그 문제에 관해 분명합니다.

사도행전 16:25은 이렇게 말하지 않았습니다.

"한밤중에 바울과 실라가 기도하고 박수를 치기 시작하매 죄수들이 듣더라."

절대 아닙니다! 그 구절은 박수 치는 것에 대한 말은 한마디도 하지 않았습니다.

바울과 실라가 기도하고 하나님을 찬송하였다고 했습니다. 하나님께서는 그분의 백성들의 찬송 가운데 거하십니다.

또 역대하 20:22은 이렇게 말하지 않았습니다.

"이스라엘 자손들이 노래하고 **박수를 치기** 시작하자 여호와께서 복병을 두어 원수를 치셨다."

절대 아닙니다! 그들이 노래하고 **찬송을 하기** 시작하자, 여호와께서 복병을 두어 원수들을 치셨습니다.

아시겠지만, 그들은 이미 기도를 했습니다. 응답은 그들이 찬송을 하고 있을 때 왔습니다. 승리는 그들이 찬송을 하고 있는 동안에 이루어졌습니다. 그것을 다른 식으로 표현

하자면, 영광은 그들이 찬송을 하고 있을 때 임했습니다. 당신에게 필요한 응답이 무엇이든, 당신이 하나님을 찬송할 때 응답이 올 것을 기대하십시오.

하나님의 백성들이 그분을 찬양할 때, 하나님께서 뭔가를 행하십니다! 바로 그때 백성들의 삶에서 하나님의 능력이 나타나고 원수는 패배를 당하는 것입니다! 그렇기 때문에 성령님의 인도하심을 따라 언제 손뼉을 치고, 언제 하나님을 찬양해야 적절한지를 이해하는 것이 아주 중요합니다.

우리가 올바른 방법으로 주님을 찬양하고 경배할 줄 알때, 우리 가운데 성령의 더 깊은 역사를 경험하게 될 것입니다. 나는 당신에게 도전합니다. 손뼉을 치는 대신, 하나님을 찬양하십시오. 내가 보증하건대, 당신은 성령의 더 깊은 역사를 경험할 것입니다.

50여 년 전에 주님께서 내게 말씀하셨습니다.

"만일 내가 네게 하라고 한 것을 네가 행한다면, 그때까지 네가 본 것의 회복이 이루어질 것이다."

때때로 당신은 우리가 과거에 경험한 하나님의 능력의

굉장하고 초자연적인 나타남의 사례들을 내가 언급하는 것을 들을 것입니다.

그리고 최근에는 주님께서 내게 말씀하셨습니다.

"그런 것들의 **회복**이 이루어질 뿐만 아니라, 그때에는 **배가**도 이루어질 것이다."

그것들이 배가될 것입니다. 하나님께 영광을 돌립니다!

그러므로 부적절한 때에 손뼉을 침으로써 성령을 근심시키지 마십시오. 성령께서 말씀하시고 행하시는 것을 이해하고 성령의 흐름을 타는 법을 익히십시오.

우리가 이렇게 하지 아니하면, 성령의 역사가 이 세대에서 사라질 것입니다. 그러나 나는 그것이 사라질 것이라고는 생각하지 않습니다. 그 이유는 우리가 영광에서 **더 큰 영광**에로 계속 올라갈 것이라 믿기 때문입니다!

# 더 큰 영광으로 들어가라

1쇄 발행 | 2016. 4. 10
3쇄 발행 | 2024. 10. 30

지은이 | 케네스 해긴
옮긴이 | 오태용
펴낸이 | 오생현
펴낸곳 | 베다니출판사

등록 | 1992. 5. 6(제 3 - 413호)
주소 | 서울시 송파구 새말로10길 18-1, 4층(우편번호 05810)
전화 | (02) 448 - 9884~5
팩스 | (02) 6442- 9884

www.bethany.co.kr
bethanyp@hanmail.net

값 10,000원

ISBN  978-89-5958-193-1  (03230)

• 잘못된 책은 구입하신 곳에서 교환해 드립니다.